カラスの
いいぶん

人と生きることをえらんだ鳥

嶋田泰子　著

岡本　順　絵

童心社

はじめに

　カラスを好きですか？

　たぶん、きらいでしょうね。なにしろ、ひょうばんのわるい鳥ですから。

　大きくてこわいとか、まっ黒でぶきみとか、ごみ置き場でごみあさりをしてちらかすとか、そうそう、ひとをおそうという話もききます。

　わたしも、ある日、カラスにさんざんな目にあわされて、カラスがきらいになりました。でも、カラスごときにまけたくない、どうにか、カラスをギャフンといわせて、人間を見くびってはいけないと知らせたい、そう思いました。

「そのためには、カラスのよわみをにぎるしかない」

そんな気もちで、カラスをじーっと見るようになりました。しばらくすると、
「あれ？　なんでわたしはカラスを見ていたんだっけ」
と思うようなことがでてきました。
　よわみを見つけたかったはずなのに、気づくと、カラスをおもしろがっている自分がいました。
　これまで、人間のつごうばかりでカラスを見ていたのですが、ちょっとカラスのつごうをきいてみてもいいのじゃないかと、考えがかわっていきました。
　そしてついには、わたしがであったカラスをたくさんのひとにしょうかいしたくなりました。
　というわけで、この本の主人公は、ハシブトガラスです。

もくじ

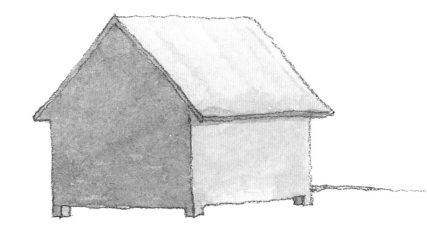

1　カラスなんて大きらいだ！

　5月の、気もちよく晴れた日のことでした。いい気分でさんぽをしているわたしの頭とせなかに、なにかがふってきました。

　雲ひとつない青空からふってくるとしたら、雨であるわけはありません。

　おそるおそる頭をさわると、白くて水っぽい鳥のうんち、それもけっこうな量でした。

「うわっ、だれ！」

と見あげると、カラスが1羽、電線にとまっていました。

　そのカラスは、わたしと目があったとたん、「ふん！」とばかりに、そっぽをむき、とんでいきました。そのたいどのふてぶてしいこと。

　うんちを落とされたわたしは、とびさるカラスのうしろすがたをにらみつけるしかありませんでした。

　そんなことがあってからしばらくは、どこにいても、カラスをけいかいするようになりました。

「あのカラス、なにをしているのかな？　頭の上にこないかな？」

　でかけるたびに、頭の上が気になりました。

　それまでは、カラスのわるくちをきいても、あまりきょうみがわかず、「ふーん、そうなんだ」ぐらいにしか感じていませんでした。好きとかきらいとかいうまえに、カラスという鳥がいることすら、気にとめたことがなかったのです。

　そんなわたしのまえに、とつぜん『うんちとともに』カラスはすがたを見せたのです。

　まあ、カラスはずっとむかしからいたので、カラスという鳥のそんざいに、はじめて気づかされた、

つまりであってしまった、といったほうが正しいのですが。

　それは、「気づけよ！」と、カラスからの挑戦状をつきつけられたようなであいでした。

　その後、うんちを落とされることもなく１年ほどがすぎると、

「頭にうんちが落ちたのは、たまたまだった。カラスがわたしの頭にうんちを落として、こまらせてやろうとかんがえたなんて、ありえない。たかが鳥、ふかくかんがえて行動しているはずがない」

と、わたしは、うんちを落とされて、大さわぎをしてしまった自分を思いだしながら、にがわらいをしました。

　ところが、わたしの考えは、あまかったのです。

　それからしばらくして、またカラスのそんざいを見せつけられるような決定的な事件にでくわしたのです。

　その事件というのは……。

まめちしき1　カラスは神の使いだった？

　いまではカラスはすっかりきらわれものですが、大むかしのひとが知ったら、びっくりするでしょう。

　『古事記』という日本の神話には、3本足のヤタガラスが、神さまの使いとして登場します。そのため、ヤタガラスをシンボルマークや家紋にしている神社や家もあります。

　日本サッカー協会のシンボルマークも、「3本足のカラス」です。勝利にみちびいてくれる守り神ということなのでしょう。

　ヤタガラスの起源は中国で、3本の足をもつカラスが太陽の中にすんでいるといわれていたことが日本につたわり、3本足のヤタガラスになったと思われます。

　カラスは、太陽神信仰とむすびついたり、あるいは国のはじまりをたすける鳥として、世界じゅうの神話や伝説に登場します。

　「きらわれもの」ではなかったのです。

9

2 たまごどろぼう事件

　わたしが、カラスをいしきしはじめてから、目につくのは、ごみ置き場をあらす、すがたばかりです。

　いつも、燃えるごみの日は、朝からほうきとちりとり、ビニールぶくろをもって、カラスのあとしまつにおわれます。

　ほうきをふりまわしてカラスをおいはらうと、カラスはひょいと電柱やへいの上にとびのくだけで、こちらのようすをながめています。ちょっとでもよそ見をすると、「いまだ、それっ」とでもいうように、ごみぶくろをつつきにきます。かんぜんにカラスの勝ちです。

「ちっ、カラスってやつは!!」

　腹が立ちました。カラスにばかにされているようで、くやしくて、どうにかカラスとのたたかいに勝ちたいと思いました。それには、まず作戦をねらないとなりません。

　そのとき、気づいたのです。

「カラスは人間がどんな生きものかということに気づいているようなのに、わたしはカラスのことなんて、なにも知らなかった」と。

　これでは、勝ち目はありません。

「こっちもカラスをじっくりと見て、カラスのよわみを見つけてやろう。そうすれば、カラスに勝てる」

　そう思いました。

　ところが、カラスのよわみを見つけられないうちに、自信をうちくだかれるような事件がおきました。

　ごみ置き場で、ほうきをふりあげてカラスをおいまわしている、ちょうどおなじ時期に、カラスにたまごをぬすまれつづけていたのでした。しかも、なさけないことに、ずいぶん長いあいだです。

　そのころ、わたしは、５人グループで、毎週５キログラムのたまごをとりよせていました。

　たまごのとどけさきは、わたしの家のげんかんまえ。げんかんは、道路からかいだんをあがり、門をくぐったさきにあります。ぜったいに、とおりすがりのひとが気づくような場所ではありません。

それなのに、たまごがぬすまれました。

　たまごは、がんじょうなプラスチックのコンテナ
にはいっていて、しっかりとしたパルプのふたがの
せてありました。たまごは、ひとり１キログラム。
コンテナのとなりに、はかりを置いてあるので、そ
れぞれ自分ではかって、もっていくことになってい
ました。

　ところが、あるとき、さいごにとりにきたひとが、
「たりない。きょうは、とくにたりない！」
と、さわぎだしました。たりなくなりはじめたのは、
半年くらいまえからだといいます。

　さいしょのころは１こか２こ、たりないくらい
だったので、はかりまちがいをしたひとがいるのだ
ろうと思って、なにもいわなかったそうです。

　ところが、３週間くらいまえから、５、６こたり
なくなり、きょうは８こもたりなかったといいます。

　はかりまちがいという数ではありません。だれか
がどろぼうをしているのです。

　これは事件です。どろぼうがだれか、はっきりさ

せなくてはなりません。

　そして、つぎの週、そろそろたまごがとどく時間かなと思って、げんかんのドアをあけたら、ちょうど、配達の車がとまる音がしました。

「はーい、ごくろうさま」

　声をかけて、でてみると、げんかんまえのマツの木に、ちょこんととまっている２羽のカラスと目があいました。「あら、カラスだ」と思いながらも、そのときはたいして気にもとめませんでした。

　たまご１キログラムというのは、だいたい15こから16こです。はかりまちがいがおきないように、ひとりぶんずつにわけてみました。

　すると、ちゃんと全員ぶんがあったばかりか、３こもあまりました。

「あまったたまごは、これまでたりなかったひとのぶん。数はちゃんとあったし、あとはどろぼうを見張るだけ」

　ひとり、ふたりとたまごをとりにきて、そのたびに、

「ねえ、たまごをとりにくると、いつもカラスに、

にらまれている気がする」

と、マツの木のカラスを見あげていいます。

　のこりはひとり、いつも時間をまもらないひとなので、まちくたびれて、ちょっとたまごのそばをはなれました。

　さいごのひとがとりにきたのは、それから 30 分後。

　なんと、たった 30 分のあいだに、おまけのぶんをいれて、これまででいちばん多い 12 こがきえていました。ケースにのこっていたのは、たった 6 こです。

「やられた！」

　でも、どろぼうなら、のこっているたまごをぜんぶもっていくはずなのに、どうかんがえても、へん。これまでも、たまごは、はんぱにのこっていました。

「どろぼうは、人間じゃない！」

と、そのとき、ようやく気づきました。そして、思わずマツの木を見あげました。

　そういえば、配達の車がくる時間になると、きまって 2 羽のカラスがあらわれ、げんかんまえのマツの木の枝にとまっていました。

マツの木から、たまごケースまでは、やく３メートル、カラスはいつもそこからじっと見ていました。

　もしかして、犯人はカラス？　と思いましたが、

「きちんとふたをかぶせてあるし、たまごは大きくて重いので、カラスがくわえていくなんてむりだろうな。しかも 30 分で 12 こも」

と、自分の思いつきをふきとばしました。

　ところが、ついにもくげき者（？）が何人もあらわれ、そのもくげき者たちはそろって、

「頭の上をカラスが白いものをくわえて、とんでいった」

といいます。

「白いもの？　もしかして、それって、たまごのこと？　いや、ありえない、ありえない」

と、まだ、信じられませんでした。

　ところが、つぎの週、わたしは、びっくりする場面を見てしまったのです。

　とどいたたまごのそばで、とりにくるひとをまっていると、ひとり、ふたりととりにきました。あと

はひとり。とりあえず自分のぶんのたまごを冷蔵庫にいれようと、家にはいりました。

　すると、そのしゅんかんをまっていたように、ドアのそとでガサッという音がしたのです。

「ついにきた、どろぼう！」

　びくびくしながら、そーっとドアをあけました。

　すると、いつもマツの木で見物していたカラスが、くちばしでたまごのケースのふたのはしをもちあげているところでした。

　そして、わたしと目があったとたんに、

「しまった、見つかった！」

というように、大いそぎでふたの下に首をつっこんで、ハプッとたまごをくわえ、とびたちました。

　あっというまのできごとでした。わたしは、思わず、

「えーっ！　まさか！」

と、さけんでしまいました。

　カラスは、たまごのありかをとっくに見ぬいていたのです。もっていく方法も、人間のすることを見てわかっていたようでした。

　わたしたちは、まぬけなことに、どろぼうがカラスだったと気づくまで、たぶん半年以上、とられっぱなしだったようです。

　カラスにしたら、人間がずっと気づかないままでいてほしかったにちがいありません。

　けれど、いくらなんでもとりすぎです。気づかないわけはありません。

　勝負はあった。さいごは人間の勝利！

　たまごどろぼう事件はぶじ解決と、ひと安心しました。くやしいけれど、これが、たまごどろぼう事件のしめくくり。そう思ったのですが、この話にはまだつづきがありました。

17

まめちしき2　なにを食べているの？

　ハシブトガラスもハシボソガラスも、雑食性なのでなんでも食べます。

　自然界で食べているのは植物のたね、くだもの、魚、虫、トカゲ、ヘビ、カエル、鳥のたまごやひな、死んだ動物などです。

　2種のあいだで、びみょうにちがいがあるとすれば、ハシブトガラスは木の実が多く、ハシボソガラスは農作物が多いというところでしょうか。

　ハシブトガラスもハシボソガラスもそうじやですから、それぞれがくらす場所で手にはいるものは、なんでも食べるようです。

18

3　たまごはどこへ？

　まぬけな人間をあざわらうようなカラスのどろぼうぶりには、腹が立ちましたが、ぬすんだたまごのゆくえが気になります。もくげき者が、
「あっちにとんでいった」
といって指さす方向を見ても、さっぱりわかりません。
　いつもくるのは２羽でした。
　２羽は、マツの木の枝によりそうようにならんでとまっていました。
　思いだしてみると、それが、いつのまにか１羽になり、また、２羽でやってくるようになっていました。
「それにしても、どこにはこんでいくのかなあ」
と、空を見あげていたら、声をかけられました。そのひとは、もくげき者のひとりでした。
「うちの庭の木に、カラスが巣をつくっていて、このあいだまで、親ガラスがにらみをきかせていたのでこわかった。でも、ようやくいなくなったので安

心したの。でも……」

と、こまった顔をしました。もうひとつ、カラスが
いたので、解決できないままになっていた問題が
あったそうです。それは、

「雨がふると、雨どいからザーザー、滝みたいに雨
水があふれてくるの」

ということだそうです。なにがおきているのか、工
事のひとをよんであるといって帰っていきました。

　その日の夕方、ふたたびやってきて、

「雨どいがつまってたの。でもそれが……」

と、話しはじめました。雨どいにびっしりとつまっ
ていたのはたまごのからだったそうです。しかも、
たぶん 200 こ以上。

　これで話はつながりました！

　わが家のげんかんまえからぬすんでいったたまご
がはこばれたさきは、もくげき者の家にあるカラス
の巣でした。

　もくげき者の家までは歩いて５分もかかりません。
カラスなら、ひとっとびのところです。

毎週、きそく正しくやってくる配達の車に気づいて、おいかけてみたら、わが家だった。マツの木にとまってながめていると、つぎつぎにひとがきて、ふたをあけてなにかをもっていく。よく見ると、たまごだった。

「しめしめ、自分たちもいただこう」

　そういうことだったのでしょうか。だとしたら、カラスにとって、わたしの家はすばらしいえさ場だったでしょう。

　さいしょは夫婦でぬすみにきて、自分たちにたまごがうまれると、オスがメスのためにたまごをはこんでいたのでしょう。

　ひながかえると、ぬすむたまごの数も、ぐんとふえ、やがて夫婦でせっせとはこんだにちがいありません。

　なにしろ、30分くらいで12こもはこんだのですから、大いそがしだったでしょうが、ひなもよくそだったにちがいありません。

　家のひとたちは、はじめのうち、カラスが巣をつくっていることを想像もしていませんでした。

巣は、木のしげみにかくれていたし、地面に食べかすや、うんちが落ちていることもありませんでしたから。

　そんなわけで、すこしたってから、カラスがひとの出入りを見張っているようなけはいに気づき、木を見あげて、はじめて巣があることを知ったといいます。

　きっと、ひとに気づかれないため、食べかすや、たまごのからをどうするか、かんがえたのでしょう。

　そして、いい方法を見つけました。それが、すぐそばの雨どいの中にすてることでした。

　食べたあとのからを、雨どいの中におしこんでおけば、ひなが巣立つまで、ひとに気づかれずにすみます。

「なるほど！」

　うんちを頭に落とされ、たまごをぬすまれて、とても腹が立っていたはずなのに、そんなことはすっかりわすれて、カラスの知恵にただただ感心してしまいました。

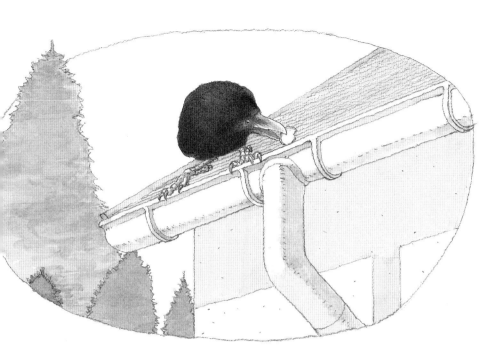

「いっぱい食べて、大きくなるんだよ。まだまだ、
たくさんとってきてあげるからね」
なんて、カラスの父さん、母さんがいっていたかも
しれません。
　役目を終え、からっぽになったカラスの巣は落と
されました。
　でも、もう、たまごはぬすませません。人間だって、
そんなにあまくはないのです。

4 カラスって、どんな鳥?

　本気でカラスのことをしらべてみようと思い、カラスの本を読みました。

　カラスというのは、カラス科の中のカラス属という鳥の仲間の名前で、世界じゅうに 40 種ぐらいいる。

　日本には５種のカラスがいて、１年じゅう日本でくらしているのは全身がまっ黒なハシブトガラスとハシボソガラスの２種。日本で冬をすごすためにわたってくるのはコクマルガラス、ワタリガラス、ミヤマガラスの３種。

　ハシブトガラスとハシボソガラスをひとまとめに「カラス」とよんでいるけれど、種がちがう。

　——ということがわかりました。

　どうやら、わたしが見ていたのは、ハシブトガラスか、ハシボソガラスだったようです。でも、そのどちらなのかわかりません。もうすこししらべてみると、見わけるポイントがわかりました。

からだのとくちょうは？

　ハシボソガラスより、すこしハシブトガラスのほうが大きい。ハシブトガラスは、頭の毛が立っていて、おでこがでているように見える。

ハシブトガラス ▼

ハシボソガラス ▼

▼ 6さいの男の子

平均身長
116.5センチメートル

約100センチメートル

約90センチメートル

くちばし：
太くまがっている

おでこ：でっぱっている

くちばし：細い

おでこ：カーブがなだらか

ハシブトガラス

ハシボソガラス

くちばしは太く、さきにむかってぐいっとカーブ
している。ハシボソガラスは、頭の毛が立っていない。
くちばしは細く、カーブもゆるやか。

＊

　わかった、これで、ハシブトガラスとハシボソガ
ラスの見わけがつくと思いました。ところが、じっ
さいにカラスを見て、なやんでしまいました。
　両方のカラスが、ならんでいれば、ちがいはわか
るかもしれませんが、すこしはなれたら、数センチ
メートルの大きさのちがいなんてわかるはずもあり
ません。
「こまった。どうしたら、見わけられるのかなあ」
とかんがえたとき、ほかにもちがいがあるのではな
いかと思いました。

くらす場所は？

　ハシブトガラスは、森林と都会の両方にいて、都
会で見られるのは、ほとんどがハシブトガラス。
　いっぽう、ハシボソガラスは、畑や川のまわり、

林のふちなどのひらけたところが好きで、森林や、
ビルなどが立ちならぶような都会にはいない。
　郊外にいくと、ハシブトガラスとハシボソガラス
の両方が見られる。

ハシブトガラス：森や都会にすむ

ハシボソガラス：ひらけたところにすむ

巣をつくるところは？

　ハシブトガラスもハシボソガラスも巣はつかいすてで、毎年あたらしくつくる。

　ハシブトガラスは、巣をかくしたがる。巣をのぞきこまれないような高いところが好き。ハシボソガラスは、もともとひらけたところにくらす鳥なので、人間に見られてもあまり気にしない。

鳴き声は？

　ハシブトガラスは、
カー、カーとか、アー、
アーと、よくとおる声で、
かなり遠くまで声がとどく。
しっぽを上下させながら鳴く。

　ハシボソガラスの声は、
ガー、ガーとかグアー、グアー
と、にごった声にきこえる。
鳴くときはからだをまえにたおし、力をいれて、おじぎをしているように見える。

28

行動は？

　ハシブトガラスは、地上を歩きまわることはほとんどしない。たいていは高い場所からながめて、食べものや気になるものを見つけると、すぐ近くにおりてくる。歩くのはにがてで、歩くときは、赤ちゃんのようなヨチヨチ歩き。たいていはスキップや両足をそろえたチョンチョン歩き。

　ハシボソガラスは、地上におりて、食べものをさがして歩く。スタスタ、ときにはトットコと小走りもするほどの歩きじょうず。公園などでは、たまに、ドバトたちにまじって食べものをさがしているすがたが見られる。

ハシブトガラス　　　　　　　ハシボソガラス

5 ハシブトガラスが、なぜ街に？

「なぜ？」

　ハシボソガラスとハシブトガラスのちがいをしらべていて、疑問がわきました。

　それは、ハシブトガラスがくらす場所についてでした。

　おなじハシブトガラスという種なのに、ふかい森の中でくらすものと、ビルや家がたてこんでいる都会にくらすものがいるとあります。

　くらす場所がふかい森と都会では、あまりにもちがいすぎます。

　しらべてみると、そのわけがわかりました。

　ハシブトガラスは、英語ではジャングル・クロウ（ジャングルのカラス）とよばれていて、もともとはふかい森林にすんでいたそうです。都会になんて、すんでいなかったのです。

　ハシブトガラスは、森では、木の実や果実、虫、よわったり、死んだ動物など、自然のめぐみを食べ

てくらしていました。

　ハシブトガラスは、小さな動物の死体をまっさき
にかたづけてくれる森のそうじやでした。

　そんなハシブトガラスが都会にでてきた理由をかん
がえてみました。

　生きものにとって、生きていくのに、いちばんだい
じなことは、食べものを確保することです。食べ
ものがなければ自分自身も生きていけませんし、ま
して、子どもをそだてることなど、とうていできま
せん。

　森には、いつもじゅうぶんな食べものがあるわけ
ではない上に、たよりにする自然の森はどんどん
へっていました。

　さらに、人間がくらしをひろげてきて、ハシブト
ガラスのすむ森の近くにすみつくようになりました。

　そこでハシブトガラスが目にしたのは、よだれが
でそうなほどゆたかな食べものでした。その食べも
のというのは、人間がごみとしてすてる、たくさん
の食べのこしでした。

人間にとっては、食べのこしの生ごみであっても、ハシブトガラスにとっては、苦労をしないで手にはいる、ありがたい食べものです。

「人間のそばでくらせば、食べものがかんたんに手にはいる！」

　そう気づいたハシブトガラスが、もっとたくさんの人間がくらす街を、都会をめざすのはしぜんなことです。

　そうして、すこしずつ人間のそばにやってくるものがでて、いまでは都会はハシブトガラスにとって、ぜっこうの場所になってしまいました。

　森では天敵だったタカやフクロウも、街にはいません。食べものがたっぷりあり、巣をつくる場所もあって、子そだても安心してできる。街がすばらしい場所に見えたでしょう。

　なにより、高いところから見おろして食べものを見つけるハシブトガラスにすれば、森の木のかわりになるビルがいくつもあるのです。

　ところが、ハシブトガラスにとって、街のくらし

はいいことずくめではありませんでした。

　ハシブトガラスは、人間のそばでくらすには、大きすぎる鳥でした。なにしろつばさをひろげると1メートルほどもあるのですから。そんな大きくてまっ黒なハシブトガラスが、たくさんあつまってごみのふくろをつついていたら、こわくて、だれもがたじたじとなります。

　食べのこしにつられて、ひとのくらしに近づきすぎたハシブトガラスは、こんどは、きらわれものになってしまいました。

　ひとは、自分たちが、ハシブトガラスにいごこちのよいくらしをあたえたために数がふえたということに、気がついていないのでしょうか。

　ハシブトガラスは、もう、森にはもどれません。

　人間のつごうにふりまわされ、都会ではきらわれものになったハシブトガラスのことを知ったら、ちょっとかわいそうな気がしてきました。

　これまで、いやなやつと思って、にらんだり、ほうきをふりまわしておいはらっていました。けれど、

都会でくらすしかなくなったハシブトガラスにも、
いいぶんがあるはずです。

　ごみ置き場で目があったハシブトガラスが、
「街では、ハシブトガラスがハシブトガラスらしく
生きちゃいけないの？」
と、問いかける声がきこえる気がしました。
「ハシブトガラスの気もちをくみとってみようかな。
好きとかきらいというのは、あいてをちゃんと知っ
てからにしよう」
　その第1歩として、思いついたのが、自分のまわ
りにいるハシブトガラスを観察することでした。観
察といっても、たまたま目についたら、
「なにをしているのかな？」
と、足をとめて、じーっと見るというていどです。
　ハシブトガラスは大きいし、どこにでもいるので、
目について、観察にはもってこいの鳥でした。
　そうしてハシブトガラスを見ていると、こんなお
もしろいことを見のがしていたなんて、もったいな
い、と思うできごとがたくさんありました。

6 やるときはやる！

　カラスのことがすこしずつわかってくると、さいしょの『いやなやつ100パーセント』という気もちが、どんどんうすらいできました。なにしろ、おどろくようなことがいっぱいでてきたのですから。

　北海道には、クルミを車にひかせて、からをわり、なかみを食べるハシボソガラスがいるようで、ずいぶん話題になっていたことを思いだしました。

　わたしもそんな場面を見てみたいと思いました。でもそれは、ハシボソガラスにしか報告されていない行動で、いろいろな本を読んだのですが、どれも、ハシボソガラスだけと書いてありました。だれかが研究したのでしょう、ハシボソガラスはハシブトガラスよりかしこいともいわれていました。

　わたしには、ハシブトガラスとハシボソガラスのかしこさをくらべることはできませんが、ごみ置き場で大さわぎするハシブトガラスを見ながら、

　「ハシブトガラスには、そんなにかしこいことはで

きないのかなあ」

と、ざんねんでなりませんでした。

　そのころ、わたしは、『ななこ』という名の犬をかっていて、もっとななこがのびのびできそうな、ひろい庭がある家にひっこしたいとかんがえていました。

　でも、ちょうどいい家というのは、なかなか見つからなくて、あきらめかけていたある日、ななことさんぽをしていたら、ななこが、「こっち、こっち」というように、いつもはとおらない細い道にわたしをひっぱっていきました。

　すると、細い道をはいったすぐのところに、思いえがいていたとおりの家があらわれました。まわりには、うっそうとした木々につつまれた家がいくつもあって、鳥の声がしています。

　ななこが見つけた家には、なにかおもしろいことがまっているような気がして、すぐに、ひっこすことをきめました。

　そして、ひっこししてしばらくたった秋のこと。

　ある日、駅からの帰り、細い道にはいろうとしたら、

なにかが、わたしのくつにコツンとあたりました。

それはクルミの実^みでした。

あたりには、果肉^{かにく}がぐちゃっとつぶれて、かたいからがのぞいているもの、果肉^{かにく}がすっかりなくなっているものが、たくさんころがっていました。おとなりの家^{いえ}のクルミの木からの落^おとしものでした。

見ると、道路^{どうろ}のまん中にまでころがっているクルミもありました。かたいからは、車にひかれたのか、つぶれかけ、なかみがとびでて、道路^{どうろ}にこびりついていました。

ふと、目をあげると、1羽^わのハシブトガラスが木の上からつぶれたクルミを見つめていました。

クルミを食^たべたいけれど、わたしがいるので、おりてこられないのだろうと思^{おも}って、すこしさがると、まっていたように道路^{どうろ}にまいおり、ヨチヨチとクルミに近^{ちか}づきました。ちょっとあたりを見まわしてから、首^{くび}を地面^{じめん}に平行^{へいこう}になるほどかたむけ、道路^{どうろ}にこびりついたなかみを、くちばしでゴリゴリとこそげとりました。

くぼみにはまりこんだなかみは、つつくようにしてはじきだし、ていねいに食べていました。

　その後も、道路のまん中にクルミがころがっているのを何度か目にしましたが、ざんねんなことに、からはわれていませんでした。

　クルミの木は、へいの上から道路にむかって枝をのばしていましたが、枝を見あげて、すこし、へんだなと感じました。道路は、まん中がすこし高くなっているからです。枝から落ちたら、ころころころがるさきは、ひくくなった道路のはしです。

　ほとんどのクルミは、道路のはしに行列をつくっています。

「ここから落ちても、道路のまん中までころがっていくかなあ？」

　クルミの実は、木から落ちるときには、まだ緑色の果肉につつまれているとききましたが、わたしが気づいたのは、果肉はほとんどが黒くなってくずれ、中からごつごつした、かたい大きなからが見えていました。果肉がすっかりなくなって、からがむきだ

しのものがたくさんありました。

　道路のまん中にころがっているクルミに首をかしげながら、そのままとおりすぎ、クルミのことはすっかりわすれてしまいました。

　ところが、数日たって、「うそ！」と、思わず声がでてしまう光景を見ました。

　ハシブトガラスが、道路のはしに落ちていたクルミをくわえて、ヨチヨチ歩いて道路のまん中まではこび、そっと置いたのです。

　でも、ざんねんながら、車はクルミをよけていきました。

　しばらく、ハシブトガラスはへいの上からクルミを見つめていましたが、いつまでも車がとおらないので、あきらめたようすでした。でも、そのとき、ふっと、まえに見た光景が頭にうかびました。

　（ハシブトガラスがクルミをくわえて、高いところから落としていたことがあった。あれは、あそびじゃなくて、クルミをわろうとしていたのかもしれない）

　ハシブトガラスは、いつか高い枝から落ちたクル

ミがわれるのを見て、どうしたらクルミがわれるのか、わかったにちがいありません。

　そして、つぎにかんがえたのが、われなければ、車にひかせるという方法（ほうほう）でした。

『あるとき、クルミが高い枝（たかいえだ）から落（お）ちてわれた。でも、われないクルミもある。われなかったクルミが車にひかれてわれ、なかみがとびだした』

　そのようすを何度（なんど）か見ていれば、クルミをくわえてとびあがって落（お）としてみるとか、車がとおるところに置（お）いてみるくらいのことを思（おも）いついても、おかしくありません。

　それにしても、これまで、ハシボソガラスしかやらないと思（おも）われていた『クルミを車にひかせる』という方法（ほうほう）を、ハシブトガラスもやっていたのです。

　クルミの木は大きくなる木で、さむいところの川べりに多（おお）くはえているそうです。そこは、ハシボソガラスがこのんでくらすところと、ぴったりあいます。

　クルミの木は、たくさんの建物（たてもの）が立ちならんでい

る街では、めったに見ることがありません。そのため、街にくらすハシブトガラスには、クルミわりをするチャンスなんてなかなかないでしょう。たまたま、となりの家のへいぎわにクルミの木があって、道路に枝をのばしていたので、このあたりをなわばりにするハシブトガラスの目にとまったのではないでしょうか。

　ハシブトガラスだって、いちどクルミの味を知ったら、どんな手をつかっても、食べたいはずです。たまたま車がひいて、つぶしたのを見ていたのだったら、思いつかないはずはありません。

　ハシブトガラスだって、やるときはやるのです。
　ただ、高いところから落とすのも、車のまえにクルミを置くのも、おなじハシブトガラスで、それもたった2回しか見ていないのがざんねんです。
　カラスの脳をしらべた先生の本を読むと、カラスは、からだのわりに脳が大きく、重いといいます。これまで、人間でいえば3、4さいの子どもくらいの知能をもっているといわれていましたが、近ごろ

では、8さいぐらいの知能をもっているのではないかといわれています。

　世界を見わたすと、カラスのかしこさについて、たくさんの話があります。

　たとえば、ニューカレドニアにすむカレドニアガラスは、小枝や葉っぱで狩りの道具をつくるといいます。

　テレビでわたしが見たカレドニアガラスは、木の葉からつくった細いぼうのようなもので、木のあなをつついていました。あなの中にはイモムシのような幼虫がいました。その幼虫は何回もしつこく頭をつつかれて、ついにがまんできなくなったのか、はんげきにでました。ぼうにかみついたのです。そのしゅんかん、カレドニアガラスが、ぼうをすっとひきぬきました。ぼうのさきには、かみついたままの幼虫がぶらさがっていました。

　これは、たまたまのできごとではなく、ほしいものを手にいれる方法をかんがえついて、そのために道具をつくったのだといわれています。

日本でも、公園の水のみ場で水道のじゃぐちをひねってあけ、水をのんでいるカラスがもくげきされています。

　うちの近所のハシブトガラスだって、見て、理解して、どうすればいいかを思いつくくらいのことはできるのだ、と確信しました。

　ほんとうは、できるやつなのです。

カレドニアガラス

7 名前をつける

　クルミのからをわるのに苦労をしていたハシブトガラス（たぶん）と、近所のごみ置き場にいたハシブトガラスが、つれだって庭にやってくるようになりました。

　毎日やってくるのは5、6羽です。ふらりとやってきて、へいにとまり、庭をながめていたかと思うと、いつのまにかいなくなります。それぞれがお気にいりの場所にしずかにとまっていたので、はじめのうちは、カラスがきていることすら気づかないほどでした。

　2かいのまどのカーテンごしに黒いかげがうごいているのを見つけ、はじめてハシブトガラスがわが家にきていることに気づきました。

　気にして見ていると、やってくるのは、いつも9時すぎで、おなじメンバーに見えました。庭にきても、とくべつわるさをするのでもなく、いすわるわけでもなさそうなので、おいたてたりせずに、好きにさ

せていました。

　ハシブトガラスがねらっているのは、生ごみのはず。でも、生ごみをだす日は週に２回だけ。それ以外の日は、どこでなにを食べているのかわかりません。それなのに、毎日庭にやってきます。

「ひまつぶし？」

ときいたら、

「うん」

というへんじがかえってきそうな感じです。

　そのころ、わが家ではもう１ぴき犬がふえ、２ひきになっていました。もうすぐ14さいになる『ななこ』と、３さいの『ぬふ』です。

　犬が２ひきもいるので、ハシブトガラスは庭にまでこないだろうと思っていましたが、犬なんかこわくないようで、へいきでやってきて、へいの上から庭や家の中をのぞいていきます。

　はじめのうちは、だれがだれやら見わけがつかないので、まとめて『じょうれんさん』とよんでいましたけれど、しばらくすると、それぞれ個性がある

ことがわかってきました。

「よし、1羽ずつ、名前をつけてみよう」

そう思い立ちました。

きっかけは、何度もおなじような登場の
しかたをするハシブトガラスに気づいたからでした。

そのハシブトガラスは、からだが大きく、いつも
いちばんのりで庭にやってきます。そして、庭にく
るまえには、ごみ置き場のそばの電柱にとまって
「カー」とひと鳴きしてから、すがたを見せます。
なので、

「きめた、きみの名前はカー!」

カーのお気にいりは、へいの上。ときおり、ぬふ
の犬小屋の近くにおいてある自転車のハンドルにと
まって、犬小屋をのぞきこんでいます。

性格は、ちょっとずうずうしい。犬も人間もこわ
くないようです。なにしろからだが大きくて、つば
さをひろげると1メートル以上はありそうです。バ
サバサッと木からとびおり、のっしのっしと近づい
てくると、人間のほうがあとずさりするほどでした。

　でも、自転車やへいの上で、目をつむっていたり、ぽかんと口をあけて、ぼーっとしているのをよく見かけました。そんなときは、ちょっとまぬけな感じがします。

　カーにくっついているのは、カーよりちょっと小さめで、目がやたらとクリクリしているハシブトガラスです。名前はすぐ決定。

「ヒトミ！」

　カーとヒトミのようすを見ていると、あまりべたべたしているわけではないけれど、きょうだいでもないような感じです。ときどき、

「ほんとうは、つきあっているの？」

ときいてみたくなるほどでしたが、いつもいっしょにいるので、ヒトミは女の子で、カーのおあいてかもしれません。

　なんのとくちょうもなく、印象（いんしょう）もうすいハシブトガラスがいます。なにかのひょうしに目にとまって、はじめて、あれ、いたんだと気づくほど、ものしずかです。

　すぐ名前（なまえ）がきまりました。

「じみだからジミー！」

　おくびょうというほどではないけれど、いつも1羽（わ）で、しずかにへいの上にいます。

　ほかのハシブトガラスとへいの上にならんでいるときも、すこしあいだをあけてとまっています。

　でも、なかまはずれにされているわけでもなさそうです。

　あまり地面（じめん）にはおりてこないけれど、庭（にわ）のようすは気になるようで、ときおり首（くび）をかしげながら、あたりをながめています。

いちばん気になった１羽がいます。いい名前をつけたいので、しばらくまよっていました。

　おでこの羽が風にあおられると、ふわっと立ち、これまでわたしが見たハシブトガラスの中でも、とびっきりの美しさです。

　カーほどずうずうしくないけれど、カーより、かなり知りたがりやで、なれなれしく、気づくとすぐそばにきていて、びっくりすることがあります。

　そのハシブトガラスは、栄養がいいらしく、たくましく、羽がつやつやとかがやき、光のかげんで、からだが青や緑、むらさき色に見えます。そして、ハシブトガラスという名のとおり、太くりっぱなくちばしをもっています。

　そのハシブトガラスは、わたしが声をかけるたびに、ななめよこをむきながら、首をかしげます。右に左に。そのたびに、頭の毛がふわふわと風になびきます。いい名前をつけたくてずいぶんまよいましたが、きめました。

「クロスケにしよう」

ちょっとへいぼんな名前だけれど、なぜか、ぴったりな気がしました。

　のこりは、もう１羽。からだの大きさはクロスケとおなじくらい。でも、羽につやがなく、ちょっとみすぼらしい感じがします。

　いつもおどおど、びくびくしていて、けっして近よってきません。すこしでもわたしのすがたを見つけようものなら、すぐ、大きな木の枝にとびうつるか、むかいの家のうら庭ににげこんでしまいます。

「わたし、いじめたことあったっけ？」

とききたくなるほど、わたしをさけます。

　そんなわけで、いい名前を思いつかず、とりあえず『名なし』とよぶことにしました。

　しばらくして、クロスケが、名なしの羽をつくろったり、名なしとぴったりとからだをよせあっているのを見つけました。そのようすから、名なしはクロスケの彼女だと気づき、『おつれ』と名づけました。

　クロスケは、おつれのどこが気にいったのか、ふしぎです。おつれは、わたしにはぜったいにとどか

　ない安全な場所にいるときは、ぽかんと口をあけて、まぬけな顔を見せています。

　以上が、わが家の庭にくる、じょうれんさん。

　さいしょのころは、もう１羽がきたりこなかったりしていましたが、いつのまにかこなくなりました。こなくなったのは、クルミを食べていたハシブトガラスのようで、それがはっきりしたら、クルミと名づけようときめていたので、ざんねんです。

さて、全員に名前をつけたら、こんどは、庭になにをしにきているのか、知りたくなってきました。

　じょうれんさんがいつもいるのは、南がわの庭です。そこには、コンクリートやレンガでできたテラスがあり、へいにそってモミの木やフジだな、モミジ、バラの木、元気のないスギの木などが植えてあります。テラスには、はち植えの草花がありますが、5、6羽ものハシブトガラスにとって、毎日かよってくるほど、すてきな場所とは思えません。

　ハシブトガラスたちはなにが気にいってやってくるのか、気になってしかたがありませんでした。

8　なぜくるのか、わかった！

　クロスケたちが毎日庭にかよってくる理由が、ようやくわかりました。

　カラスをひきつけていたのは、犬のななこでした。

　年をとってからのななこは、晩ごはんも、いちどでは食べきれなくて、食べのこしてばかりいました。

　ところが、14さいになってから、きゅうに、大食いになりました。いつも、朝には、食器がからっぽになっていたし、夜、水をいれる食器になみなみといれてあった水も、朝にはからっぽでした。

　ただ、よく食べるわりに、からだをさわると、せぼねのごつごつがわかるほどのやせっぽちでした。

　ななこのやせぶりが目立つようになったころから、明け方に、ぬふがほえるようになりました。

　ぬふがほえるたびに、ねむい目をこすりながらそとにとびだし、

「しーっ、ほえちゃだめ！」

と、しかりました。

ななこがやせていくのは、ぬふが、ななこのドッグフードをまきあげているせいだと思いましたが、ぬふがほえる理由はさっぱりわかりません。

　わからないことはさておき、まず、ななこのごはんから解決しようと思い、ごはんを手づくりにかえました。

　じつは、ななこはドッグフードがきらいで、夜のごはんをのこすことが多かったのです。どうにもおなかがすいてたまらなくなる夜明けごろに、しぶしぶのこったドッグフードを食べていました。

　そんなわけで、ななこが夜にのこしたドッグフードを、ぬふがよこどりしているにちがいないと思いこんでいました。

　ななこは、まだふつうのドッグフードを食べることができないくらいの赤ちゃんのときに、わが家にきました。そのため、手づくりの離乳食をつくってあたえていました。大きくなっても、手づくりのごはんがつづきました。そのため、ドッグフードになじめないままにおとなになってしまいました。

けれど、あるとき、獣医さんから長生きをさせたければ、ドッグフードのほうがいいといわれ、すこしずつドッグフードにかえていきました。でもやはりドッグフードは、いっきに食べるほどうれしいごはんではなかったようです。

　ななこはもうとしよりなのだから、せめて好きなものを食べさせてあげたいと思って、手づくりごはんにもどしてみたのです。すると、ななこは、晩ごはんをいっきに食べ終えました。

　さて、そのつぎの日、まだ夜が明けるまえ、ぬふのほえる声と、

　　　カンカラカーン

という大きな音が、あたりにひびきわたりました。まだ、だれもが、ぐっすりねむっている時間です。ほえる声だけでもこまりものなのに、『カンカラカーン』という大きな音までくわわっています。

「なにごと？」

　わたしは、びっくりしてとびおきました。てっきりぬふが、食器であそんでいるのかと思って、げん

かんのドアをあけ、

「ぬふ、うるさい！」

と、しかりつけました。

　食器はステンレス製なので、大きな音がします。庭を見ると、食器は、とんでもないところまでとんでいます。

　このとき、わたしは、食器をなげるのは、ぬふのあそびだと思っていました。なぜなら、犬小屋のマットをくわえては、ふりまわし、ほうりなげているのを、何度も見ていたからです。

　その上、右前足を食器のふちにかけて音を立て、ごはんや水をさいそくすることもありました。

　でもよく見ると、とんでいたのは、ぬふの食器ではなく、ななこの食器でした。

　そのつぎの日、また、明け方にぬふのほえる声とカンカラカーン。

　そのまたつぎの日も。

　ある晩、ななこのごはんづくりがまにあわず、ドッグフードにしました。

すると、つぎの朝は、ぬふのほえる声だけでカンカラカーンという音がしません。

　ドッグフードの日は、ぬふのほえる声だけ。手づくりごはんだと、ぬふのほえる声とカンカラカーンがきこえます。

　そのつぎの日、朝からでかけて、昼すぎに帰ってきたら、ななこの水をいれる食器がからっぽでした。大いそぎで水をとりにいこうとしたとき、ぬふのほえる声と、

　　　カンカラカーン

という、大きな音がひびきわたりました。

　ふりむいたら、食器のそばからカーが、バサバサっと音を立ててとびあがったところでした。食器は、３メートルもさきにころがっていました。

「あれ、夜明けまえの大きな音は、ぬふだと思っていたけれど、ちがうの？」

　もしかして、ぬふにぬれぎぬをきせてしまったのかもしれない、ちらっとそんな考えが頭をよぎりました。

その日の晩ごはんも、手づくりがまにあわなくて、またまたドッグフードになりました。

　すると、つぎの日の夜明けごろ、ふっと目をさましてそとを見ると、うす明るくなりはじめた空から、なにか、黒いかげがベランダのむこうをよこぎるのが見えました。その直後、ぬふがけたたましくほえだしました。

　そっとそとを見たら、へいの上にハシブトガラスが3羽とまっていて、ななこの小屋から、1メート

ルくらいのところにカーとクロスケがおりていました。ななこが食べのこしたドッグフードをねらっているようですが、ななこは、耳も遠くなっていて、気づいているようすはありません。

　カーとクロスケは、ぬふがどんなにほえても、つながとどかないのをちゃんとわかって、かんぜんに無視しています。

　カーとクロスケが食器にむかってヨチヨチと歩いて、もうすこしというところまでたどりつきました。

　そのとき、ようやく、ぬふの大声でななこが目ざめ、犬小屋の中で立ちあがり、食器にむかって1歩をふみだしました。

すると、クロスケは、食器と、ななこのあいだに
ぐいっとわりこみ、つばさを半びらきにして、バサ
バサとうごかしました。そして、ななこにむかって
１歩２歩と、きょりをちぢめていきました。

　ななこは、びっくりして立ちすくみ、あとずさりし、
犬小屋にひっこんでしまいました。

　犬小屋の中で、ぼうぜんと立ちつくすななこをし
り目に、クロスケは、ずりずりと食器をひきずりは
じめ、ななことぬふのつながとどかないところまで
はこぶと、ゆうぜんとドッグフードを食べはじめま
した。

　さらに、水のたっぷりはいった食器まで、ずりず
り音を立ててひきずっていきました。

　ここまで見とどけたななこは、あきらめて、丸く
なって、ねてしまいました。

ななこが14さいになったのに、よく食べるように なった、水もよくのむ、と思っていたけれど、食べ ていたのも、水をのんでいたのも、ななこでも、 ぬふでもなくて、クロスケとカーでした。

　あとでわかったのですが、クロスケが、ななこに むかってつばさを半びらきにして、バサバサとして いたのは、まだ親に食べものをもらっていたころの、 おねだりのポーズだったようです。

　クロスケは、ななこに、

「ドッグフードをちょうだい」

と、いいたかったのでしょうが、カラス語なんてわ からないななこには、通用するはずもなく、ただた だおびえていただけでした。

　手づくりのごはんにすると、ななこが完食するの で、クロスケとカーの口にはなにもはいりません。

　クロスケとカーにしたら、あてにしていたのに、

「食べるものがない！」

と、文句をいうかわりに食器をなげて、カンカラカー ンと音を立てていたのでしょうか。

　でも、みんながぐっすりとねむっている夜明けご
ろに、カンカラカーンという音と、犬のほえる声で
おこされては、たまったものではありません。
　近所から苦情がくるまえに、なにか手をうたない
とこまったことになります。
「犯人は、クロスケとカーなのに」
なんて、文句をいってもはじまらないので、いい方
法はないかかんがえました。そうして思いついたの
が『ちょっとだけドッグフード作戦』でした。
　その作戦というのは、ななこのごはんの下に、
ちょっとドッグフードをいれておくというものです。

64

ななこは、上にのったごはんは食べるけれど、ドッグフードはのこすはずです。そうすれば、クロスケとカーにもわけまえがいくから、カンカラカーンでおこされないですむかもしれません。
「でも、カラスをえづけすることになるし、まずいなあ、なにしろ野鳥だから、法律で禁止されているしなあ」
と、まよいましたが、えづけをするのは、わたしではなく、犬のななこだからという、いいのがれを思いつきました。
　へりくつはともかく、なにより早く平和な、しずかな朝をとりもどしたいというのが、本音でした。
　そして、しずかな朝がもどりました。
　ぬふも、ほえるのにあきたようで、たまに、「グフン」とおつきあいていどの声をだすだけになっていました。
　もう、明け方のようすはわかりませんが、毎日朝の9時すぎに顔をあわせるのだけがつづいていました。

9 だれのしわざ？

『カンカラカーン』の音からも、ぬふのほえる声からも解放されて、しずかな朝がつづいていたころのこと、はち植えのナデシコがかれはじめました。

ナデシコは、たくさんの茎をのばし、はちからあふれんばかりに葉をしげらせ、花をつけはじめていました。

ところが、花をつけてまもなく、花も葉もしおれはじめたのです。

気温が高くなって、根もとがむれたためかもしれないと思って、葉をへらしてみました。けれど、どんどんしおれ、かれていきます。ナデシコをたすけるには、土のいれかえと、もっと大きなはちへ植えかえるしかないと思いました。

植えかえのために、まず、ナデシコをぬこうと、そっと根もとに手をいれてみました。すると、指さきにふにゃっとしたへんなものがあたりました。ナメクジのかたまりのような、気もちのわるいさわり

ごこちに、思わず、「うわっ！」と大声をだしてしまいました。

　ビニールの手ぶくろをしてから、おそるおそる根もとをかきわけてみました。すると、でてきたのは、ナメクジではなく、赤や緑色の、ぽやぽやっとふやけてカビのはえた、小さなかたまりのようなものでした。

　根もとをさぐると、でてくる、でてくる、形ののこっているドッグフードが16つぶ、土の上で形もくずれて、かびのかたまりにしか見えないようなものも大量にありました。

「根をいためさせたのは、これか」

　こたえが見つかりましたが、でも、だれが？

「これが、もしかして本で読んだカラスの貯食？」

と気づきました。

　カラスは、貯食といって、食べものをいろんなところにかくしておいて、おなかがすいたらとりだして食べると、本に書いてありました。きっと、これがそれにちがいありません。

ナデシコをいためた原因はわかりました。でも、カラスがどうやってドッグフードをかくすのか見られるチャンスかもしれないと、わくわくしました。
「ごめんね。ちょっとがまんしてね」
　ナデシコにそう声をかけて、もとのとおりにもどしておきました。
　そして、家の中からナデシコがよく見えるように、はちをガラス戸のそばにひきよせました。いつもわたしがねているのは2かいですが、1かいのナデシコがよく見えるへやで、ねながら見張ることにしました。たぶん、犯行時間は昼間ではなく夜明けごろだと思ったからです。
　なかなか犯行現場をおさえられないまま、何日もたった上、気づいたら、あたらしいつぶがおいてありました。
「せっかくのチャンスを見のがしたか！」
　がっかりしましたが、あきらめるわけにはいきません。
　さらに1週間がたち、もうむりかなと思いはじめ

たころでした。ふとんの中で腹ばいになって、首を
のばし、しだいに明るくなっていく庭のようすをぼ
んやりながめていたら、ガラス戸のむこうに黒いか
げがうごくのが目にはいりました。

「きた！」

　カーテンをほんのすこしひらき、ガラス戸にはり
つくようにしてそとを見ると、カラスが、ななこの
食器に首をつっこんでいました。

　クロスケでした。食器にのこったドッグフードを
くわえ、ひょいと、ナデシコのはちのふちに近づき、
あたりを見まわしてから、ナデシコの根もとに１、
２回首をつっこみ、もういちどあたりを見まわして
から、さっとはなれていきました。

クロスケがいなくなったのをたしかめて、はちを
見ると、まあたらしいドッグフードのつぶが置いて
ありました。

　ドッグフードをせっせとかくしていたけれど、と
りにきていなかったのはたしかです。

　カラスは記憶力がいいので、とりわすれたのでは
なく、ほうっておいただけのようです。ななこから
ドッグフードをまきあげて、とりあえずかくしてお
くけれど、どうしても食べたいというほどのごちそ
うでもなかったのでしょう。

　ナデシコをからす原因がわかったので、植えかえ
をしました。

　ようすがちがったことに気づいたクロスケは、用
心をしたようで、ナデシコの根もとにドッグフード
をかくすのをやめてしまいました。

　つぎのかくし場所はさがしません。クロスケだけ
が知っているひみつの場所は、さがさないでおこう
と思いました。

まめちしき3　いろいろな貯食場所

　野生の生きものは、いつもじゅうぶんに食べものが見つけられるわけではありません。カラスは食べものが見つからないときにそなえて、あちこちに食べものをかくします。それを貯食といいます。かくし場所は、ひとりでいくつももっています。

　わたしは、ナデシコのはち植えのほかにも、公園の太い木の幹のわれめに、ドングリがたくさんおしこまれているのを見ました。ほかに、どんなところがかくし場所かというと──建物のすきま、電柱の変圧器やパイプのあな、エアコンの室外機のかげ、信号機のすきま、屋根や雨どいの中など、すきまがあれば、どんなところでもかくし場所にします。かくした場所は、しっかりおぼえています。ここがりっぱ！

10 毎日の時間わり

　ハシブトガラスたちは毎日をどんなふうにすごしているのか、ちょっときょうみがわきました。
　公園で見るハトやスズメなどは、たまに休けいをするぐらいで、１日じゅういそがしそうに地面を歩きまわって、えさをさがしています。
　それにくらべると、わが家にくるじょうれんさんたちは、えさもさがさずに、ぼーっと、わたしがすることをながめています。
　わたしがクロスケたちと顔をあわせるのは、毎日９時すぎです。その時間に、草花の手いれをするので、じょうれんさんたちが見物にきます。
　じょうれんさんたちは、昼まえにどこかにでかけますが、ちょこちょこと庭にもどってきてのんびりとくつろぎ、日がくれるまえにはそろっていなくなります。
　ただ、じょうれんさんたちが、毎日どこからきているのか、どこに帰るのかは、わかりません。

カラスは、夜は、みんなであつまってねむるといいます。1羽でいるより、みんなであつまっているほうが安心です。きけんがせまったとき、だれかがさわぎだせば、みんなが気づきます。

　ねむる場所をね・ぐ・ら・といいます。ねぐらは、大きな木のたくさんある、ひろい公園や神社だといわれています。

　カラスは日に6キロメートルぐらいうごきまわるといいますから、じょうれんさんたちも、あんがい遠くのねぐらからやってきているのかもしれません。

　ハシブトガラスたちが目あてにするごみの日は、わが家の地域では週2回だけで、9時まえには収集が終わります。それ以外の日はどこの生ごみをねらっているのかわかりませんが、毎朝9時すぎにはまちがいなく庭にあらわれます。

　ハシブトガラスたちの行動を見ると、きまったスケジュールがあるように思えます。

　きっと、学校に時間わりがあるように、カラスにも時間わりがあるのでしょう。

繁殖の時期以外のハシブトガラスたちの時間わりは、毎日こんな感じです。

カラスの時間わり

1 おはよう

夜明けまえに目をさます。

2 ねぐらを出発

すこししたら、6、7羽ずつのなかまで、出発。

3 ごはん

早朝、えさ場につく。カラスは、のどの下がぐーんとのびる上に、胃ぶくろも大きくのびるので、いちどに食べものをためこめる。

のどがのびる

4 貯食

食べきれないものはかくして
おき、おなかがすいたら食べる。

5 自由時間

昼まえごろには、ごはんも、貯食もいちだんらく。水あび、
土あびでからだのそうじをしたり、パトロールをして情報あつめ。
いちばんお気にいりのすごしかたは、あそぶこと。

6 帰るじゅんび

　ねぐらに帰るまえに、ちょっとひとめぐり。貯食した場所の確認とパトロールをすませるとじゅんびは終了。

7 ねぐらに帰る

　日ぐれごろ、なかまと声をかけあって合流、ねぐらに帰る。ねむるときは•す•ず•な•り。

まめちしき4　大こうぶつ！

　生ごみの中での人気のものはなんでしょう？　ともかくカロリーの高いものが好きなようです。

　肉のきれっぱし、あぶら身、フライドチキンのかけら、フライドポテト、マヨネーズ、魚の頭、ソーセージ、ピザ、コロッケパン、ハンバーガーなどが大人気です。

　もともとカラスはなんでも食べる鳥ですから、人間の食べのこしは大かんげいなのですが、キュウリやキャベツなどのやさいをつついているのは見ませんでした。

　でも、くだものは好きです。庭になったカキが、秋になってちょうどじゅくすころ、まっさきに味見をするのはカラスでした。ビワもたくさんのカラスにねらわれました。

　あまいくだものはカラスにとってもおいしいにちがいありません。

11 あそんでいる？

　カラスがほかの鳥(とり)たちと大きくちがうのが、『あそぶ』ということです。
　わたしは、何度(なんど)も「あれ、あそんでいる？」というような場面(ばめん)を見ました。あそびは、とってもバラエティーにとんでいて、ながめていると、たいくつしません。

ゆーら、ゆーら

　大雨のつぎの日の昼(ひる)すぎ、ちょっと風(かぜ)のつよい日のことでした。
　ハシブトガラスが、屋根(やね)のアンテナの上で、つばさを半分(はんぶん)ひらいて、顔(かお)を風上(かざかみ)にむけ、ゆーら、ゆーらとゆれていました。
　風(かぜ)にあおられて、からだがかたむくと、あわててつばさをバサバサさせて、バランスをとっていました。そうして、10分以上(ぷんいじょう)もゆれていました。
　はじめのうちは、きのうの雨でぬれた羽(はね)をかわか

しているのだと思いました。でも、羽をかわかすのなら、もっとしっかりしたところにつかまって、つばさをバサバサすればいいのです。

　ぐらぐらゆれるアンテナにつかまっているなんて、あんがい、ハシブトガラスって、まぬけなのかもしれないと思って、わらってしまいました。

　でも、きのうの雨でぬれたなら、とっくにかわいているはず。羽はそんなふうにしてかわかさないとならないのかな、と思いながらしばらく見ていて、

「あ、もしかしたら、カラスのあそび？」

と気がつきました。そういう目で見なおすと、とても楽しそうに見えます。

　風をうまく利用して、ゆーら、ゆーら、ふわり、全身でうまくバランスをとっています。ときどきバランスをくずすのは、わざとのようです。

「おっとっと」とおもしろがっているようでした。

カラスはあそびの天才ときいていましたが、これが、はじめて見たカラスのあそびでした。
　まぬけだなんて、いっしゅんでも思ったことを反省しました。

トイレットペーパーをひらひら

　1月。氷がはって、ときおりチラチラと雪がまう、さむい日の公園でのことでした。公園のところどころで、ドバトがむれ、からだをふくらませて、じっとさむさにたえているようすです。

　でも、ハシブトガラスだけはちがっていました。10羽以上が木のあいだをとびかい、わたしのすぐ頭の上で羽音を立てて風をまきおこしています。思わず首をすくめてしまうほどでした。

「けんか？」と思ったのですが、どうもそうではなさそうで、ただのおいかけっこのようでした。

　木のあいだを急カーブですりぬけたり、空高くあがって、ゆっくりと滑空したり、まるで自分のとぶ技を見せあっているようでした。

トイレのさきの広場のあたりで、カーカーとさわがしい声がするので、事件かと思っていってみると、空に白くて長いものがひらひらまっていました。

　1羽のハシブトガラスが3メートル以上もあるトイレットペーパーをくわえてとんでいたのです。

　その、かたほうのはしを、もう1羽のハシブトガラスがくわえました。

　でも、よこどりをしようとしている感じでもありません。まるで、2羽で両はしをもったまま、トイレットペーパーが風にばたばたするのを楽しんでいるかのようです。

　ざんねん、トイレットペーパーがちぎれました。

　すると、すぐにべつのハシブトガラスがとびだしてきて、ひょいとくわえました。そして空中でくるりと円をえがいて1回転したら、トイレットペーパーがねじれて、ちぎれました。

　ちぎれていくたびに、またべつのハシブトガラスがでてきて、すばやくくわえます。

　トイレットペーパーあそびに参加できずにいるハ

シブトガラスは、自分もあそびにはいりたくて、チャンスをねらっているようで、トイレットペーパーが切れると、すばやくくわえにいきます。

30分くらい、おまつりさわぎのように、にぎやかにあそんでいましたが、しばらくすると、トイレットペーパーも小さな紙切れになって、さいごはただのおいかけっこになっていました。

こんなにさむいのに、元気で楽しそうだなあと思いながら、しばらくながめていました。

たいていの鳥は、食べることでせいいっぱいなのに、カラスのなかまは、ほんとうによくあそびます。

すべり台をすべりおりる、ひもでつなひきをする、つもった雪の上をせなかですべる、電線にさかさまにぶらさがる、ボールをころがす、ゴルフ場でとんできたボールをよこどりする、ほかの動物をからかう、など、あそんでいるとしか思えないようなようすが、たくさんもくげきされています。

貯食でつくりだす自由時間と、頭のよさが、カラスをあそびの天才にしているようです。

12 カラスの年間計画

　カラスは、おとなになって、子どもをつくるまで、だいたい３年くらいかかるといわれています。それまでは、わかものたちどうしで、むれをつくってくらしています。

　たいていの鳥は、うまれたつぎの年には、あいてを見つけ、けっこんをして子どもをつくるので、カラスはそれにくらべると、一人前になるまで、ずいぶん時間がかかります。

　ここでは、わが家のじょうれんさんたちのようすとかさねながら、ハシブトガラスがおとなになるまでを、かんたんにおいかけてみました。

秋から冬

　３さいぐらいになると、いつもいっしょにいるむれの中で、けっこんあいてを見つけます。

　じょうれんさんたちを見ていると、「つきあってます」という感じをだしているカップルがいました。

プレゼント♥

クロスケとおつれのように。

早春、なわばりをもつ

けっこんあいてがきまったら、なわばりさがしです。

条件は、なわばりの中に巣をつくれる大きな高い木があること、ひなをそだてるためのじゅうぶんな食べものがあることです。

そんなところは、だいたいだれかのなわばりだったりします。たたかってうばうか、運よくあいたなわばりがあるか、どっちにしても、なわばりを手にいれるのはたいへんです。

あいてが見つかっても、なわばりがもてなければ、巣をつくれません。子どもをつくれないままですごすものもいます。

　さいわい、クロスケはわが家の庭をなわばりにできたようです。

　ほかのじょうれんさんたちはどこかにいきました。まだおとなになっていなかったのか、あいてがきまらなかったのか、よそでなわばりをもったのかだと思います。

巣をつくる（3月ごろから）

　運よくなわばりをもてたら、つぎは巣づくりです。

　巣は、毎年つかいすてで、おもに、1年じゅう葉をしげらせている常緑樹に巣をつくるようです。

　巣をのぞかれるのはきらいなので、どこからものぞかれないように、高いところにつくります。

　大きさは、直径60センチメートルから80セン

チメートルです。夫婦で巣の材料をはこんできます。

　巣のそとがわは木の枝や、はりがねのハンガーなどで、こわれないようにがんじょうにつくります。

　巣のうちがわは、たまごやひなのための場所なので、やわらかいものをあつめてきます。たとえば、ネコや犬の毛、布、シュロの木の皮、ごみ置き場に落ちていたクッションのなかみなどです。

　公園やおとなりの家で、木にまかれていた布がぼろぼろにひきちぎられているのを見ましたし、ハンガーがぬすまれたこともありました。テラスでひるねをしている、ななこのうしろにまわり、そっと毛をぬいてもっていったこともありました。これは、むりにぬいたのではなく、ななこも、ぬふも毛がは

えかわるときで、からだにはぬけかけた毛がいっぱいついていたのです。

　このころからは、夜になってもねぐらにもどらずに、なわばりにとどまります。たぶん巣のすぐそばでねていると思います。

　わが家の庭には、巣をつくれるほどの大きな木はないので、クロスケとおつれが巣をつくったのは、となりの家のどこかだと思います。

たまごをうむ（4月ごろから）

　ニワトリよりすこし小さいたまごを毎日1こずつ4、5こ、うみます。ぜんぶをうみ終えてからあたためはじめる鳥もいますが、カラスは1こ目のたまごをうむと、すぐにたまごをあたためはじめます。

　たまごの色は青緑色で、かっ色のまだらもようが
あります。

　20日間ほど、たまごをあたためつづけます。その
あいだ、オスは、せっせとメスに食べものをはこび
ますが、巣にじかにはこびこむことはありません。
巣のありかを知られないように、近くまでいったら、
小さい声で鳴いて、食べものをもってきたことを知
らせるそうです。

子そだて（４月下旬）

　４月、ひながつぎつぎうまれはじめます。うまれ
たてのひなは、羽もはえていない丸はだかで、ピン
ク色をしています。目もあいていません。口の中は
まっ赤です。

　お母さんは、はだかのひながこごえないように、巣の中であたためつづけます。お父さんは、お母さんやひなたちのえさをせっせとはこびます。ひなに羽がはえてくると、ひなをうえさせないように、お母さんも交代でえさをはこびます。いちばんいそがしい時期です。

　親は、ひなをまもるために、巣に近づくものはようしゃなくおいはらいます。

巣立ち（6月ごろ）

　ひなはうまれてから1か月ほどで、巣からでます。これを巣立ちといいます。このころには、ほとんど親とおなじくらいの大きさになっています。ただ、巣立っても、1週間ぐらいは巣の近くの枝の上をう

　ろうろするか、ちょっとためしに近くをとんでみる
くらいしかできません。
　まだ、自分では食べものを見つけることができま
せん。親があたえてくれるのをまっています。ひな
が地面に落ちて大さわぎになるのがこのころです。

見習い期間

　ひなは、巣立ったといっても、まだ一人前ではあ
りません。見かけはほとんど親とおなじ大きさです
が、ここからが、一人前のカラスになるためのだい
じな期間です。親からえさをもらいながら、えさの
とりかた、なにがきけんかなど、生きるのに必要な
ことを教えてもらうのです。
　この見習い期間があることと、その期間が長いこ

とがカラスのとくちょうです。

親からの卒業（8月ごろ）

　8月になると、ようやくひとりだちします。親からはなれて、わかいカラスのなかまと、むれになってくらすようになります。それでも、親に食べものをねだったりして、なかなか親ばなれしないものがいるといいます。

8月の終わり

　親は、子そだてを終え、なわばりのけいかいをゆるめます。親は、子そだてのあいだは巣の近くでねむっていましたが、子そだてを終えると、ねぐらにもどってねむります。

　親から卒業したカラスは、むれになって、けっこ

んができる年（3さいぐらい）までをすごしますが、時期がくると、むれの中で、けっこんあいてを見つけます。

　こうして、ぶじにおとなになれたものは、およそ20年ほど生きると思われます。カラスのなかまには40さいまで生きたものもいたようです。

　でもこれは、全部がうまくいった場合です。食べものをじゅうぶんに手にいれることができなくて、うえたり、病気になって死んでしまうものもいます。また、なわばりを手にいれられなかったり、だれかにとられてしまえば、子どもをそだてられません。ひながおそわれることもあります。きけんはいつもそばにあります。

13 くるな、近よるな！

　カラスのペアが一生でうむたまごの数を計算して
みました。

　4こから5このたまごを3さいからうみはじめ、
20さいまでうんだら、およそ70こから80こです。
そのたまごがかえって3年したら、またたまごをう
み、そのまた3年後には……。

　そうなったら、空はカラスだらけになってしまい
ます。たいへん！

　でも、そんなことにはなりません。

　たまごを4こ、うんだとします。そのうち、たい
てい1こは、たまごのまま死んでしまいます。のこ
りがひなになれたとしても、食べものがたりなくて
死んだり、巣から落ちたり、おそわれたり、病気に
なって死にます。

　巣立ちまでたどりつけるのは、せいぜい半分です。
1羽も巣立ちにたどりつけないことだってあります。

　巣立ちをしても、おとなになることができて、自

分の子どもをもつまで生きられないカラスもたくさんいます。

　一生をかけてうんだたまごのうち、おとなになって、子どもをもつまでぶじにそだつのは、ほんのわずかです。空じゅうカラスなんてことにはならないのです。

　カラスの親は、ひなが見習い期間を終えて自分のもとをはなれるまでは、どんなことをしても、ひっしでまもります。

　その結果おきることといえば、『カラスがおそう』という事件です。

　わたしの身のまわりでも2回ありました。といっても、めったにないことです。

　1回目は、知りあいが自転車で走っていたときのことです。とつぜんうしろからハシブトガラスに頭をけられ、けがをしました。知りあいは、わけがわからなくて、

「なぜ?」

と、びっくりしたようですが、ハシブトガラスには

理由がありました。自転車がむかっているちょっと
さきに、落ちたひながいたのです。
　ひなの親にしたら、
「カ、カ、カ、くるな、近よるな!!」
と、ひっしでうったえていたのに、人間にはつうじ
なかったのです。どんどん近づいてくる人間からひ
なをまもるためには、頭をけって、近づくのをとめ
るしか方法を思いつかなかったのです。
　知りあいは救急車で、病院にはこばれました。ほ
うたいを頭にまいたすがたでテレビのニュースに登
場し、おそわれて、こわかった体験を話していました。
このニュースを見たひとは、カラスはこわい、ひと
をおそうと、思ったでしょう。ニュースではカラス
から事情をきいたりしませんから、カラスにはずい
ぶん不公平な話です。
　2回目は、それから7年後、となりの家でおきま
した。
　となりの家の大きなスダジイの木に、ハシブトガ
ラスが巣をつくり、ひながうまれはじめました。そ

れに気づいて、家のひとが巣のある枝を、ばっさり切ったのです。まだ巣にはたまごやひながいたのに。巣立ってなかったのに。

　それから、数日がたちました。

　よい天気の日に、となりの家の門から、大きなかさをさしててくる男のひとのすがたを見ました。

　だれが、なぜかさをさしているのかと思ったら、その家のひとでした。ひながいるのに、木を切り、巣をこわしてすてた犯人です。

巣をこわしたつぎの日から、げんかんをでると、ハシブトガラスがおそってくるのだといいます。ほかの家族や、配達のひとはおそわれません。

　巣をこわした、たまごやひなをころした犯人だけをねらっておそうのです。

　ハシブトガラスは、そのあともずっと犯人の顔をおぼえていて、おそうので、駅へのまがり角をまがるまで、雨がふっていなくても、かさをさしつづけていました。

　このように、カラスがおそうのは、子そだてをしているときだけ、しかも、ひなにきけんがせまっているときだけです。けっして理由なくひとをおそうことはしません。これは、カラスのめいよのために、大きな声でいいたいと思います。

14　手なずける

　ハシブトガラスの行動をながめたり、本でしらべたりしているうちに、もっとなかよくなりたいと思うようになりました。とくに、とびきり美しいクロスケとは。

　庭にいるクロスケを見つめ、思わず、
「クロスケ、もっと近くにおいでよ」
と、つぶやくほどでした。

プレゼント作戦

　クロスケは、わたしが草とりや植木の枝切り、水やり、犬とあそんでいるとき、いつも近くで、じっと見ています。

　草とりをしていたとき、土の中から大きなイモムシがでてきたので、
「はい、ごちそう」
と、ほうりなげて、プレゼントをしたことがありました。

クロスケは、それをおぼえていて、わたしが草と
りをはじめると、すぐにやってきます。なにももら
えなかったときは、わたしがいなくなったあと、ほ
りおこされた地面を、しばらく見つめていました。

　ある日、草とりをしていると、いつものようにの
ぞきにきたので、しゃがんだまま、じりじりと近づき、
そっと立ちあがりました。

　クロスケはすぐそばのへいの上に、ひょいととび
のいただけで、にげません。
「羽、きれいだねえ」
と声をかけてみました。こんな近くで話しかけたら、
にげるかなと思いましたが、にげません。

　2、3日すると、こんどは、クロスケのほうから、
近づいてきて、自分だということをわからせるよう
に、わたしの手もとをのぞきこみました。

　わたしは、わざと気づかないそぶりで、家にはいり、
ビーフジャーキーと、食べのこした朝食のパンを
もってきました。

　犬たちは、大よろこびで、高い声でさけんだり、

鼻をキュンキュン鳴らします。

「クロスケも食べたい？」

とクロスケに話しかけながら、パンを見せびらかす

と、じっと、パンを目でおっています。ためしにパ

ンのかけらをへいの上に置いてみました。

　クロスケは、とびのき、1メートルほどはなれた

ところから、ようすを見ています。首をかしげ、わ

たしの動きから目をそらしません。

「だいじょうぶ、おいで」

といって、わたしがへいからはなれると、やってき

てパンをくわえました。

　パンを食べ終えたクロスケに、てのひらをひろげ

てひらひらさせ、もうなにももっていないことを見

せると、とんでいってしまいました。

　野生の鳥であるカラスをえづけすると、自分でえ

さをとれなくなって、生きのこれなくなります。

　クロスケにはちゃんと生きて、子どももそだてて、

いつの日か、ちびクロスケのすがたも見せてほしい。

だから、ほんのごあいさつがわりのはんいをでない

ように、パンならひとかけら、ビーフジャーキーな
ら1センチメートルにちぎって2こまでときめまし
た。

　ほかのじょうれんさんたちは、すこしはなれたと
ころでようすを見ているだけでした。

　こんなことが2週間もつづくと、クロスケのから
だからきんちょうがきえて、へいの上に1こジャー
キーを置いたとたんに、チョンチョンと近づき、口
にいれるようになりました。

　クロスケの目のまえにもう1こジャーキーを置く
と、ほんのすこしあとずさりするだけで、すぐに近
づき、ジャーキーをくわえます。

　とはいっても、こちらがふしぜんな動きを見せる
と、びくっとして、とびのきます。

クロスケは大きすぎるから、手のりとはいかなくても、せめて手からじかに食べものをとるようになれば、もっと、もっと、近くで観察できるのに。

よだれをたらした？

　さらに10日ほどたつと、クロスケは、わたしが庭にでたとたんに、

「とりあえず顔でも見てやるか」

という感じで木の上からのぞきにくるようになりました。

　クロスケは、いったいわたしの動きをどこで見ているのか、庭にでるとすぐにとんできます。

　その日は、なれなれしいから、もしかして手の上からえさをとるかもしれない、そんな気がしました。

　へいの上にパンを置くと、なんの用心もせずに、あたりまえのように口にします。

「あれ、きょうはいけるかな？」

と声をかけると、首をあげ、きょろっとこっちをむきました。そして、右に左に頭をかたむけて、くちばしのパンくずを、へいのふちで2、3回ぬぐいました。

よこ顔をわたしにむけたまま、じっとこっちの動きを見ています。わたしは、思わずてのひらにジャーキーを置いて、へいの上にさしだしていました。

　それは、ほんとうに、考えもせずにとった行動でした。

　そうしておいて、わたしは、

（しまった。せっかく用心しなくなったのに、早すぎたか）

と、こうかいしました。しかし、いまさら手をひっこめるわけにもいきません。

（クロスケのことなんか気にしてないよ。ちょっと手をへいの上にのせたかっただけさ）

と心の中でつぶやき、視線をそらしたまま、手をへいの上に置きつづけました。

　クロスケは、いったんむかいの家のひさしにとびのき、ようすをながめていましたが、バサバサと2回はばたき、へいの上にとんできました。

　またそこでようすを見ながら、

「ちぇっ、まいったな」

というように、いっしゅんとまどいを見せましたが、すぐに、いつもの位置まで、やってきました。そして、わたしの手から80センチメートルくらいのところまで近づきました。クロスケにとって、わたしとの安全きょりはそれぐらいなのでしょう。

　やがて、からだをななめよこにむけたまま、チョチョンとスキップをするような足どりで近づき、モミの木をはさんで、手から20センチメートルほどのところまで、きょりをつめてきました。

　そこからは、近づきません。

　わたしはクロスケから顔をそらしたまま、ぴくりともうごかず、クロスケも1歩もうごかずに、わたしの気もちをさぐっているかのように、じっと見ています。

　息をつめるようなきんちょう感がつづきました。

　1分、2分と時間がたち、がまんしきれなくなったわたしが、目だけをうごかしてクロスケを見たら、クロスケの目はときおりわたしからそれ、ジャーキーを見ています。首を右に左にかしげながら。

　しばらくすると、わたしより、ジャーキーを見ている時間のほうが長くなってきました。わたしを見ながらも、気もちはかんぜんにジャーキーにいっています。

　そして、

「もうがまんできない！」

というように、頭でモミの木の枝をおしのけて手の近くにきました。

　くちばしには、かれたモミの葉が3まい、ぶらさがっています。木のかげから、ひなたにでてきたら、

かれ葉とくちばしをつないでいるものが、きらっと光りました。

クロスケは、よほどジャーキーが食べたかったのでしょう、ほんのすこしまよったそぶりをしてから、ジャーキーをとりました。

わたしの手には、モミのかれ葉が3まいと、とうめいで、ねとねとしたものがのこされました。とうめいで、ねとねとしたもの、それは、まちがいなくよだれでした。

カラスも、食べたいのをがまんすると、よだれがでるんだということを発見したできごとでした。

クロスケのよこ顔

手から食べものをとったおかげで、すぐ近くでクロスケを見ることができました。

クロスケの頭のてっぺんは、長さ1センチメートルにもみたないような、ふわふわの羽毛です。ふわふわの羽毛は、ベレーぼうのように見えます。

後頭部はふわふわの羽毛がせなかにむかってせばまり、長い羽根にかわっています。

まばたきをすると、すきとおった白っぽいまぶた
のようなものが目がしらからでてきます。これは、
しゅんまく。目とまぶたのあいだにあって、目をま
もるためのまくです。まぶたは下から上にとじます
が、めったにとじないそうで、見たことがありません。
　目のまわりのひふは、しわしわというか、かたく
ちぢんだ鳥はだといったところでしょうか。
　くちばしの上部は目のよこからでている羽根で、
ぴたっとおおわれています。それは、指をかるくひ
ろげたてのひらで、やさしくつつむような感じです。
　羽根は、さきにむかってひらいており、くちばし
のカーブにそうように、つけねをつつんでいます。

鼻のあなは見えませんでした。からだは青みのある黒、つばさは、赤みのある黒。つばさをひろげると、１メートル以上あるように思えます。

見せびらかしにきたの？

　クロスケとずいぶんなかよくなってきたころのことです。まどのそとから『ピッチンピッチン』という音がきこえてきました。音のするほうを見ると、そこには電線にとまっているクロスケがいました。

　足になにかをぶらさげています。半分ひからびたようなものに見えますが、よくわかりません。

「そうだ、双眼鏡！」

　大いそぎで双眼鏡をひっぱりだしてまどぎわにもどったら、クロスケがそのままでまっていてくれました。双眼鏡でじっくり見ると、足にぶらさげているのは、ヒキガエルの死体でした。

　クロスケがもっているのは、なかみがなくなっているようです。ときおり、カエルの足をくちばしでしごいています。音がでるのは、くちばしがカエルの足の指さきをしごいたときでした。

　しごくと指さきにひっかかって、ピッチンと音が
でるのが、おもしろかったのでしょう。わざわざわ
たしの目のまえで、ピッチンピッチンと音を立てて
います。
「どうだ、おもしろいだろ」
と、わたしに見せびらかしているみたいです。
　しばらく見ていましたが、あきたので、まどぎわ
からはなれました。すると、クロスケもあきらめた

ようにどこかにとんでいきました。

　夜、犬のさんぽにいくと、道路でヒキガエルが車にひかれて、つぶれているのをよく見ますが、つぎの日には死体がなくなっています。

　ヒキガエルをかたづけるのは、ハシブトガラスのようです。ヒキガエルのせなかの皮には毒があるといわれていますが、おなかのほうはだいじょうぶなようで、カエルをひっくりかえしておなかのほうからなかみを食べるとききました。

　そうして、カエルを食べたあと、いろいろためしたのでしょうか。それとも、半分ひからびた死体を見つけたのでしょうか。

　どっちにしても、足をしごくと音がでることに気づいて、おもしろかったので、見せびらかしにきたのでしょう。カラスは、いたずらをして、あいての反応を楽しむそうですから。

　わたしは、こうしたできごとを、クロスケとなかよくなったしょうこだと思うことにしました。

15　クロスケ日記

　クロスケが手からジャーキーを食べるようになっ
てしばらくしたころのことです。

　ほかのじょうれんさんは、すがたを見せず、クロ
スケとおつれのすがたばかりが目立ちはじめました。

　そのころから、クロスケの行動に、すこしずつ変
化があらわれはじめました。

　クロスケになにがおきているのか、気になって、
日記をつけてみました。

4月13日

　きょうは、おつれがいっしょ。

　はじめのころ、クロスケはへいの上でジャーキー
を食べていたのに、このところ、ジャーキーを口に
いれているだけです。きょうも、ジャーキーを口に
いれたあと、パンもほおばって、くちばしから思い
きりはみださせたままとんでいきました。

　そのうしろをおつれがおいかけていました。

4月18日

　また、おつれといっしょ。恋人(こいびと)に見えるけれど、ジャーキーもパンもクロスケがひとりじめです。
「おつれにふられちゃうぞ」
と、しんぱいになりました。

　ところが、だいじょうぶでした。となりの家(いえ)の庭(にわ)のすみっこで、おつれがパンを食(た)べていました。さっきクロスケがもっていったもののようです。

　そばにはクロスケがいて、おつれが食(た)べているのを見まもっていました。

　おつれといっしょに行動(こうどう)するようになってから、クロスケは、食(た)べものを口にいれたままとんでいくようになりました。それは、おつれへのプレゼントだったようです。

クロスケは、おつれをけっこんあいてにえらんだ
ようです。ずっとなかがよかったのですから、あた
りまえでしょう。

4月20日

　きょうはクロスケが、ひとりだけできました。あ
れほどなかよく、おそろいできていたおつれがいま
せん。クロスケは、あいかわらず食べものを口にお
しこんでいきます。

　これは、わたしの想像ですが、おつれは巣にのこっ
て、たまごをあたためているのではないかと思いま
した。

　ほかのハシブトガラスたちもすがたを見せないと
ころを見ると、わが家の庭はかんぜんにクロスケの
なわばりになったのでしょう。

4月25日

　クロスケは、きょうもひとりです。クロスケのや
つれが目立ってきました。思わず、
「ほんとうにクロスケなの？」
と、きいてしまいました。

これまでは、1日に1回だけ、犬のおやつのときに、おすそわけのジャーキーとパンをあたえていました。クロスケはジャーキーを食べるとすぐに、いなくなります。何度も庭にあらわれることはありませんでした。

　ところが、おつれがすがたを見せなくなってから、何度も庭にやってくるようになりました。そして、鳴いては、自分がきたことを知らせます。

　知らんぷりでつくえにむかっていると、まどのそとにあるプランター置き場にとまって、わたしの目につくように、へやをのぞきこみます。

　わたしが庭にでようものなら、すぐにとんできます。

　そのようすから、おつれがたまごをあたためていると、確信しました。おつれと自分の食べものをクロスケがひとりで手にいれているようです。

　ちょっとしたおまけぐらいならともかく、全部をわたしにたよってくるのは、野生のハシブトガラスとしてまちがっています。

「自分で食べものをさがして、おつれと子どもをや しないなさい。そうしないと、生きのこれないよ」
と、クロスケのさいそくを無視することにしました。

　すると、こんどはスズメたち小鳥のために地面に まいたごはんつぶを、まっさきにやってきて、ごっ そりとそぐようにしてとっていきました。

　ロの中は、ごはんだらけ、くちばしにもいっぱい ごはんつぶをつけています。

　しかも、何度もやってきて、スズメのごはんをほ とんどとっていきました。スズメたちは、はなれた ところからようすを見ているだけでした。

　ごはんつぶをくわえてはせっせとはこび、帰った と思ったら、またすぐにもどってきます。

　こんなにすぐもどってくるということは、やはり、 おとなりの家の木に巣をつくったにちがいありませ ん。おとなりの家の木からなら、わが家の庭が丸見 えなので、しじゅう庭をのぞいていたのでしょう。

4月28日

　手の上からジャーキーをとったとき、うごかして

いる口があいて、ちらっと、ジャーキーが見えました。ジャーキーは、たてにつっこまれています。

　やっぱり、ほおばっただけで食べてはいません。

4月30日

　夕方4時すぎ、近所でハシブトガラスがさわいでいました。1羽のハシブトガラスが、クロスケにおわれていました。おわれているハシブトガラスのほうが、クロスケよりすこし大きく見えます。

　よそもののようです。クロスケがうしろから体あたりをするたびに、からだをぐらつかせています。

　たたかっているクロスケのまわりで、何羽かのハシブトガラスがわめきながらとびまわっています。

　ついによそものと思われるハシブトガラスは、にげていきました。

　10分ほどたって、すこし落ちついたかなと思って、ジャーキーをもってでると、クロスケがとなりの家の木にとまって、なにかをむしっていました。

　わたしがジャーキーをもって庭にいることに気づいていないのか、一心不乱です。まだ、たたかいの

ときの高ぶった気もちがおさまっていないようで、わたしにも、ジャーキーにも見むきもしません。

しばらくすると、やっとわたしに気づき、あわててやってきました。わたしはいつものように、ジャーキーをのせた手をへいの上に置きました。すると、へいの上に置いたわたしの手のすぐよこにとまり、なにかをくわえたままジャーキーに首をのばしてきました。

そのときはじめて、自分が口にくわえているものに気づいたようで、チョンとすこしとびのき、へいの上にそれを置きました。

一心不乱にむしっていたもの、それは、カラスの羽根でした。さっきなわばりにはいってきたハシブトガラスの羽根でしょうか。

長さは、20センチメートルほどで、つけ根のところの羽毛をむしっていたらしく、じくが長く見えています。

どうも、羽根がほしかったためではなさそうで、こうふんしきって、戦利品をむしっているように、

わたしには思えました。

5月1日

　クロスケの目の上にきずがあるのを発見。

　1センチメートルくらいのきずが、左の目の上から、目がしらのほうにむかって、ななめにはしっています。また、目の下の部分の目じりにむけて、毛がはげて、きずになっています。きのうのたたかいでついたきずのようです。

5月5日

　朝8時ごろクロスケがきました。ジャーキーを買いわすれたので、パンをひとかけら。すると、ななこの食器にのこっていたドッグフードもとっていきました。

　やはり、食べずに口におしこむだけです。のどが、ペリカンのくちばしのようにふくらんで、顔ぜんたいが大きく見えます。それでも、まだ食べものをねだります。

　パンをくわえて、「ぐふ、ぐふ、ごほ」と、せきこんでいます。のどのおくまでほおばりすぎたので

しょうか。

　植木ばちの受けざらにたまった水をのみにいきましたが、さらの水はすくない上にあさいので、のみにくそうです。くちばしをかたむけていますが、さらのそこをつつくばかりで、うまくいきません。

　それなのに、まだ食べものをさいそくします。「もうない」という合図で手をひらひらさせてから、ふりむきもせず家にはいりました。

　この日は、わたしがげんかんからでるたびに、かならずやってきました。スズメのためのごはんつぶもごっそりもっていきました。いままでとちがって、よくばりすぎです。

　もしかして、ひながたんじょうしたのでしょうか？　すこし早すぎるように思いますが。

5月9日

　もう3日もクロスケがきません。もちろんほかのじょうれんさんもすがたを見せません。

5月12日

　何日か、カラスのあらそう声がうるさかったけれ

ど、きょうは、しずかになりました。でも、クロスケはきょうもきません。わが家は、もう、クロスケのなわばりではなくなったのでしょうか。

　クロスケになにかあったのだろうかと、気がかりなまま日がすぎていきました。

5月の終わり

　老犬ななこが体調をくずし、家の中でくらすことになりました。ななこのドッグフードはもう、クロスケの口にははいりません。その上、ななこの介護で、クロスケどころではなくなっていきました。

　ふと気づいたら、クロスケのすがたが庭からきえていました。

　家族ができたから、ドッグフードもジャーキーもないところで、時間つぶしをしているひまなんてない、クロスケがそう思ったとしてもふしぎではありません。

　しばらくして、ぐうぜんクロスケとおつれのすがたを見ました。すぐ近所のとしより犬のドッグフー

ドをまきあげていました。クロスケはぶじでした。おつれといっしょにドッグフードを食べていました。

　でも、ひさしぶりに見たおつれは、かたほうの羽がつけ根からおれ、うちがわにねじまがったようになって、地面にこすれています。足もけがをして、ひきずっています。

　4月30日のたたかいは、ただのなわばりあらそいではなく、巣がおそわれたのでしょうか。クロスケがひとりで食べものさがしにひっしになっていたようすからも、もう、ひながうまれていると思っていました。

そのあとも、ハシブトガラスがさわいでいました
が、ふたたびたたかいがあったのでしょうか。

　クロスケも、おつれも、ひなをまもるためにたた
かいぬいて、おつれは大けがをおってしまったのか
もしれません。この時期に巣をはなれているという
ことは、今年はひなをまもりきれなかったのでしょ
う。

　おつれがとべるのか気がかりですが、どうにかこ
こまで食べにこられたのですから、すこしはとべる
のでしょう。でも、ねぐらまで帰れるとは思えません。

　カラスは、どちらかが死ぬまでいっしょにいると
いいます。おつれにはクロスケがついているから、
だいじょうぶだと思うことにしました。

16 さよなら、元気でね

　犬のななこも天国にたび立ちました。わたしの気もちはすこしカラスからはなれていました。

　そして、8月のなかば。

　お盆で、しずかな、でも、やけるようなあつさの昼さがり、わたしは駅にむかって歩いていました。

　なにげなく、ふりむいた道路のさきを、地面から1メートルもないくらいの低空飛行でカラスがとんでくるのを見ました。つばさのさきをしなわせて、わたししかいない真夏の、かげろうの立つ道路をとんできます。

　フヒョン、フヒョンという羽音が近づいて、大きなうちわであおぐような風をおこして、わたしの目の高さのまよこをとおりすぎていきました。

　わたしのすぐそばをとおりすぎ、高度をあげていくカラスの、みごとな飛行と美しさに見とれて、しばらくぼんやりと見おくっていました。

　そのとき、気づきました。

「いまとんでいったのは、クロスケだった」

　たくましくなったクロスケと再会してまもなく、わたしは、またひっこすことになりました。ひっこしさきは、線路をはさんですぐ近くの、歩いても５分とかからないところです。
　だいじなものは手にもって、何度もはこびましたが、ときどきふみきりのところまでクロスケがついてくるのに、気づきました。
　そうしているうちに、ひっこしの日をむかえました。犬のぬふをさいごまでのこし、くらくなりかけた午後７時、ぬふをむかえにいきました。
　そして、ぬふのつなをひき、げんかんのかぎをしめたとき、クロスケが１羽であらわれ、へいにとまりました。こんな時間までクロスケがねぐらにもどらずにいたことにびっくりしました。やっぱり、おつれは、ねぐらまでとべなくて、近くでくらしているのでしょうか。
　ぬふをつれて、門をでて、ひっこしさきにむかうと、

126

木の枝、電柱をたどりながらついてきました。

　ふみきりの手まえまではきたのですが、わたした
ちが、ふみきりをわたり終えてふりかえると、もう、
どこにもすがたはありませんでした。

　2日後、もとの家をそうじするためにもどりまし
たが、何時間たってもクロスケは庭にあらわれませ
んでした。

　がらんとした家、明かりのつかない家を見て、もう
ここには帰ってこないと感じたにちがいありません。

　ひっこしさきは、ほんの近くでしたが、クロスケ
のなわばりのそとだったのでしょう。ひっこしの日
に、ふみきりのまえで見たクロスケのすがたが、さ
いごになりました。

「いつまでもおつれとなかよくね。ちびクロスケを
見たかったよ。クロスケとのつきあい、楽しかった
よ」

　クロスケとあそんだ日々が思いだされました。

　あんなにカラスがきらいだったのに、クロスケと
のわかれは、まるで親友とのわかれのようでした。

おわりに

　この本に登場するカラスたちは、どこにでもいるふつうのハシブトガラスです。とくべつなカラスだったわけではありません。

　そう、大きくて黒くて、ずうずうしい、きらわれものの、あのハシブトガラスです。

　日本の神話では、三本足のカラス (ヤタガラス) がうやまわれていたということを知りました。人間のつごうで、ヤタガラスのように守り神としてうやまわれたり、きらわれものにされたり、カラスからしたら、

「いいかげんにしてくれーっ」

とさけびたいかもしれません。

　都会、とくに東京都ではハシブトガラスがふえすぎ、問題になりました。東京都のしらべを見ると、2001 年には東京都でおよそ 3 万 6400 羽いたそうです。

　そのころ、カラスにおどされた、こうげきされた、

朝早くからカラスの鳴き声がうるさい、ペットがおそわれた、公園で子ネコをおそったなどといった苦情が、たくさんよせられていたそうです。

　それが、2019年にはおよそ1万1600羽にへりました。

　この約20年間に、ハシブトガラスの身におきたできごと、それは、ハシブトガラスたいじです。

　ハシブトガラスのねぐら近くにわなをかけ、巣のあるところでは、ひながうまれるころに、ひなごと巣をこわしました。

　そうした作戦で、2019年までに、合計すると22万8000羽、2019年も約4800羽がたいじされました。その結果、東京都によせられる苦情はほんのわずかになったそうです。

　わたしは、この数字を見たら、むねがいたくなりました。もしかしたら、わが家の庭にきていたクロスケたちもたいじされた数にはいってしまったかもしれないと思ったからです。

　つかまえてころす以外に方法はなかったのかなあ

と思いました。帰る森がなくなったハシブトガラスは、都会をおわれたら、どこで生きていけばいいのでしょう。

わたしたちがごみだしの時間をまもり、ごみにネットをかけるなど、ごみのだしかたをくふうするだけでも、ずいぶん効果があるでしょう。食べものをあたえない、そうした方法で、ゆっくり数がへるのをまつことはできなかったのでしょうか?

もうひとつ、わたしには気がかりなことがあります。

都会でできあがった生態系に人間がとつぜんわりこんで、1種だけを大量にたいじすることで、生きものたちのバランスがくずれないのかなあということです。

ハシブトガラスの数がへってきたのにあわせるように、オオタカが都会にすみつきはじめました。

オオタカは森にくらすタカで、かんぜんな肉食です。どんどん森がなくなり、そこにいた生きものたちがすがたをけせば、オオタカは生きていけません。

そんなわけで、いっときオオタカには絶滅のしんぱいがありました。

　オオタカが、生きる場所として都会に目をむけるのもひとつの選択でしょう。オオタカは、ハシブトガラスのように高いところからえものをねらいます。高いビルがある都会は、これまで、あな場だったにちがいありません。

　めったに見られないオオタカが都会で見られるようになった結果、オオタカが巣をかけると、保護をしはじめるところもあらわれました。

　オオタカが貴重な鳥ということはわかっていても、なんだか、不公平な気がします。

　わたしがすっかりハシブトガラスのファンになってしまったからでしょうか。

　ハシブトガラスのいいぶんをきく、それがわたしの出発点でしたが、ちえをしぼり、せいいっぱい都会で生きるすがたをクロスケたちに見せてもらいました。

　ひとが自分たちのつごうをおしとおすのではなく、

すこしゆずれば、ともに生きることができるのではないかと思うのですが。

　まあ、むずかしいことはさておき、カラスという鳥はほんとうに見ていてあきません。

　どこにでもいる上に大きいので、見つけるのはかんたんです。ちょっと足をとめ、目をむけるだけでもおもしろい発見がたくさんありました。

「あ、それはにがてなんだ」とか、「すごい！」と感心しているうちに、わたしはちょっとあそびを思いつきました。カラスたちの通知表『あゆみ』をつくってみたのです。

　わたしのつくった『あゆみ』は、未完成です。カラスにきょうみをもってくださったひとが、たくさんの発見をして完成させてくださったらうれしいです。

　もちろん、カラスばかりではなく、わたしたちの身近には、たくさんの生きものがいます。カラスをとおして、そうした生きものにも、気づいてくださったら、もっともっとうれしいです。

ハシブトガラスの通知表
『あゆみ』

ことがら	すぐれている	ちょっとにがて	にがて	
観察する	○			まわりのようすのちがいに気づく
ひとを見わける	○			男、女、ひとの表情を見わける
おぼえる	○			ひとの顔や、かくしたものをわすれない
理解をする	○			なぜそうなったかがわかる
考えを組み立てる	○			よい方法をみつけだす
色を見わける	○			人間に見えない色も見える
見る	○			遠くも近くもよく見える
見えるはんい	○			視界がひろく、かなりうしろまで見える
においがわかる			○	においにどんかん
味覚		○		からいものはきらい
なかまとの会話	○			40種類以上のことばをもつ
まねができる	○			ひとや動物の声をまねる
食いだめ	○			胃ぶくろがのびる
歩く			○	とぶほうがいい！
かたづける			○	自分の巣以外、ほったらかし

参考文献
ーもっとカラスのことを知りたいひとへー

　専門家ではないわたしがこの本を書くために、たくさんの本を読みました。そのいくつかを紹介します。

　わたしがいちばんはじめに読んだ本は、『カラスとかしこく付き合う法』です。

　「真っ黒で、やたらと群れていて、なんとなく怖いと思っている人、必読！」「ムキになったら負けます」そう紹介文に書いてありました。カラスとたたかう気もちをすてられたのは、この本のおかげです。

『カラスとかしこく付き合う法』　杉田昭栄 / 著（草思社）

『カラス　なぜ遊ぶ』　杉田昭栄 / 著（集英社新書）

『カラス学のすすめ』　杉田昭栄 / 著（緑書房）

『カラスはどれほど賢いか　都市鳥の適応戦略』唐沢孝一 / 著（中公新書）

『にっぽんのカラス』　松原始 / 監修・著　宮本桂 / 写真（カンゼン）

『カラスの教科書』　松原始 / 著（雷鳥社）

『カラスの補習授業』　松原始 / 著（雷鳥社）

『カラスのお宅拝見！』　宮崎学 / 著（新樹社）

嶋田泰子 （しまだ やすこ）

生物・環境などをテーマとした出版物の企画・編集・執筆に携わる。編集した作品に『森林の研究・ブナの森は緑のダム』（あかね書房）「地球ふしぎはっけんシリーズ」（ポプラ社）など。著作に『車いすからこんにちは』（あかね書房）「いっしょがいいな 障がいの絵本」シリーズ、「水ってなんだろう」シリーズ、『さかなだって ねむるんです』『やさいの花』（以上ポプラ社）「いきもの みーつけた」シリーズ（童心社）などがある。

岡本 順 （おかもと じゅん）

絵本作家、イラストレーターとして活躍。絵本『きつね、きつね、きつねがとおる』で第17回日本絵本賞を受賞。絵本作品に『ふっくらふしぎなおくりもの』『ぼくのくるま』（以上ポプラ社）「キダマッチ先生！」シリーズ（BL出版）、『つきよの３びき』（童心社）、さし絵の作品に『ふしぎなあの子』（あかね書房）『キジ猫キジとののかの約束』（小峰書店）『宇宙からきたかんづめ』（ゴブリン書房）などがある。

ノンフィクション・生きものって、おもしろい！

カラスのいいぶん 人と生きることをえらんだ鳥（とり）

2020年 12月 15日　　第1刷発行
2024年 11月 6日　　第5刷発行

著……………嶋田泰子
絵……………岡本 順

発行所……………株式会社童心社　　https://www.doshinsha.co.jp/
　　　　　　　　〒112-0011 東京都文京区千石 4-6-6
　　　　　　　　電話 03-5976-4181（代表）　03-5976-4402（編集）

製版・印刷………株式会社精興社
製本……………株式会社難波製本